Kolofon
©Mathias Jansson (2020)
" Di ångermanländska III – di kända, di experimentella och
di historiska."

ISBN: 978-91-86915-49-0

Utgiven av:

"jag behöver inget förlag"
c/o Mathias Jansson
Tvärvägen 23
232 52 Åkarp
http://mathiasjansson72.blogspot.se/

Tryckt: Lulu.com

Förord.

Till skillnad från de två tidigare antologierna om "Di ångermanländska" har vi, istället för mer eller mindre okända poeter, valt att lyfta fram några namnkunniga poeter som är väl kända i länet, ja, jag skulle säga i hela Sverige. Det är poeter som redan blivit publicerade på olika förlag och som finns omnämnda i olika lexikon. Någon större presentation behövs därför knappast av Sjöman Jansson, Robert i Svängen, Kotte Kurt och Nils-Johan Johansson. Men för formens skull har vi ändå tagit med korta biografier i slutet av antologin. Det kan ju finnas en ny generation läsare som ännu inte upptäckt deras fantastiska litterära arv.

Vi har även fått en del synpunkter på våra två tidigare antologier för att vi varit för konservativa och traditionella i urvalet av poeter. Så för att tillmötesgå våra kritiker har vi denna gång tagit med en speciell avdelning som vi kallar "Di experimentella" med mer experimentella och modernistiska former av poesi, som bilddikter, ljuddikter, collage och andra ordvrängningar.

Sedan har vi under åren fått många frågor om hur länge man egentligen har skrivit poesi i de här trakterna? Många har påpekat att det finns en lång tradition av poeter som idag nästan är helt bortglömda. Och visst är det så och för att upplysa våra läsare om hur det egentligen ligger till har vi bett folklivsskildraren och poeten Helge Broman att avsluta antologin med en kort litterär historia från de första funna poetiska verken fram till 1900-talets början.

Sjöman Janssons visor

En Kramforsgrabb

Jag var väl en 16 bast
när jag mönstra ombord på Aurora
som gick med sågat virke som last

Jag fick börja som gast
det var ett svårt liv
det vart ett hårt slit
för en stackars Kramforsgrabb

Efter några dar
anlöpte vi Göteborgs hamn
på en krog mötte jag
en johansson som gick och svalt
han sökte hyra
på en Atlantångare till USA
men vi fann istället rum på en pråm
som skulle till Marseille
med en last av kol

Vi fick börja som gastar
det var ett svårt liv
det vart ett hårt slit
för två stackars Kramforsgrabbar

En dag höll det på att gå riktigt illa
jag svepte golven med min kvast
trött tog jag mig en rast
la mig och vila
i ett svalt rum intill maskin
men jag vakna snart
av att vattnet forsade in
och jag insåg att jag var fast

Jag började banka som besatt
när luckan slogs upp
och en johansson utbrast
med sitt klingande skratt
nämen Jansson
det var nära minsann
att det kokta fläsket blivit stekt
att du blev skållad som en katt

I Marseille fick vi nog
och bytte i all hast
till en fraktare med järn i sin last
som seglade längs Afrikas kust

Vi fick börja som gastar
det var ett svårt liv
det vart ett hårt slit
för två Kramforsgrabbar.

Orkan på indisk ocean

Där gick en johansson och jag berusade
bland Kapstadens mörka gränder
medan stormen ven och susade

Den sista slanten hade vi lagt
på en flaska rom på krogen
nu sökte vi desperata
i den oroliga mastskogen
efter hyra på en skuta

I hamnen fick vi se ett skepp
mörkt och slitet med svarta segel
oroväckande tyst förtöjt vid kajen
nyfikna gick vi närmare
när det small till i skallen
och när vi vakna
blev vi bleka av fasa

Nu var goda råd dyra
vi hade fått ofrivillig hyra
ombord på den fördömda holländaren
vid rodret stod den hiskeliga kaptenen
och gormade och svor

Varje dag var en pina
piskan ven över våra ryggar
maten var eländig och dagarna långa
vi trodde allt hopp var ute

Men en kväll blåste det upp
till orkan på den indiska ocean

vi kastade omkring bland vågorna
och jag och en johansson
sköljdes ombord

Vi trodde vår sista stund var kommen
när en jätteval slök oss med hull och hår
det blev en märklig färd i valens mage
men så hörde vi rop och skrik
och hur en kniv skar upp valens buk
och vi kunde krypa ut

Snacka om förvånade alla blev
när vi oskadda kröp ur valen
på ett valfångstfartyg utanför Grönland.

Skeppsbrutna i Söderhavet

Vi seglade med en brigg med sikte mot Kina
när en rasande tyfon slet skeppet i kvav
bara en johansson och jag blev kvar
och kunde oskadda krypa
i land på en okänd strand

Döm av vår förvåning när vi stod
öga med öga med en svensk sjöman
Gustaf Blom var hans namn
och som sällskap vid sin sida
satt Torsdag, hans trogna hund

Blom berättade hur han överlevt
på kokosnötter och krabbor
och efter flera år
lyckats bygga en flotte
för att ta sig från ön

Tre svenska sjömän
satte snart segel ut på det vida havet
och det blev ett äventyr
bland monster och sjöjungfrur
men det är en annan visa

Efter några veckor
blev vi upplockade av fullriggaren Taifun
på väg till Good Hope
resan gick väl

och i Kapstaden skiljdes vi åt
Blom och en johansson satte kurs
mot Amerika
medan jag längtade hem
och seglade med första bästa skuta
hem via Hamburg.

Robert i svängen

När allting kommer omkring
är vi ingenting
jorden är i jämförelse med allting
blott ingenting
miljarder människor är lika med noll
om man jämför
med stjärnornas oändlighet
och vår korta existens
kan inte ens mätas i en evighet

Ja, det är sannerligen ett under
att vi ens finns till.

**

Jag har köpt
ett nytt anteckningsblock
hundra tomma sidor
som ska fyllas med visdomsord

Men nu har jag sagt
allt som jag vill säga
så vad ska man göra
med de 99 sidorna
som blev kvar?

**

Mitt i skogen lämnade jag
mitt anteckningsblock
uppslaget med tomma sidor
efter ett år återvände jag
för att se vad naturen skrivit.

**

Jag sträckte ut handen
genom det öppna fönstret
kände hur regndropparna föll
på min öppna handflata

När jag drog in handen igen
var den täckt av tecken
på ett okänt språk.

**

Den kortaste dikt
jag skrivit
bestod av en punkt
som jag sedan
suddade ut

Den längsta dikt
jag skrivit
bestod av två mellanslag
med 40 års mellanrum.

**

Jag lider av en bokstavskombination
-Vilken av dem?
-Alla,
men av praktiska skäl
brukar jag förkorta den
till poesi.

**

Dikter är som fåglar
instängda i sina burar
väntar de på att någon
ska öppna dörren
så de kan flyga.

**

Orden vill inte längre lyda
de krumbuktar och buktar ut
vill inte hålla sig på raden
på strecket dragit av linjalen
vill inte hålla sig inom marginalen
kanske längtar de bara sin frihet
drömmer om att skrivas kors och tvärs
baklänges och på diagonalen
utan att fångas i konventionen
den trista vardagliga konversationen.

**

13

Från taket droppar orden
smälter i solen
lämnar avtryck i snön.

**

Under vintern
utfodrar jag fåglarna
med bokstäver
för att jag ska kunna höra
hur de sjunger för mig på våren.

**

Efter noggrant övervägande
år av obeslutsamhet
har jag äntligen bestämt mig
hur den geniala dikten
ska utformas

Med precision markerar jag
mitt på pappret
en punkt
i efterhand måste jag säga
att det hela blev lite pratigt
och hälften kunde ha strukits.

**

Han ville inte förhäva sig
eller göra sig till
när han hade skrivit klart dikten
bokstaverat varje ord
med svaga blyertsbokstäver
på det linjerade pappret
då tog han suddgummit
och suddade noggrant ut allt
för inte skulle han
lämna några spår efter sig
till eftervärlden.

**

Orden är för korta
de räcker inte till
når inte ända fram
om jag inte förlänger
med ett bindestreck.

**

Jag lägger mina dikter
på elden
svärtan stiger
ur skorstenen
det är meningar
som befriade från
skriftens kedjor
återvänder hem
till fantasin.

Vid kanten av branten
vid stranden
där själva kvantskummet bildas
ligger stroferna och slipas

En statistisk avvikelse
en sammanflätning
med hjärnans neuroner
avgör dess framtid

Alla möjligheter till framgång
ligger inneboende
i dess existens
men när pennan lyfts
raseras ännu en drömbild
och kvar bli bara besvikelse
när poetens visioner
raseras som ett sandslott.

**

I tidens leriga brant
glider vi sakta ner
mot den skarpa kant
där havet tar vid.

**

Jag skriver varje dag
i de bortglömda böckernas bok
dammiga, spröda och gömda
gräver jag fram
de bortglömda författarnas ord
i mögliga flyttkartonger
från nedlagda antikvariat
utgallrade från bibliotekens magasin
på ett "tag en kasse"-bord
travade i pappersåtervinningens burar
utanför Second Hand affären
hittar jag dem
rädda, darrande och vädjande
glöm oss inte.

**

Den kärlekskranka harkranken
svärmade förälskad
runt omkring
glödlampan förföriska sken.

**

Poeten la ner pennan
allt var redan sagt
tog fram saxen
klippte och klistrade
ihop sina dikter.

**

Jag köper böcker
oöppnade ligger paketen
kvar på byrån i hallen

Jag lånar romaner på biblioteket
olästa blir de liggande
på nattduksbordet

Jag vet redan vad det står i dem
och ingen av dem
var värd att läsas igen.

**

Jag besöker antikvariatet
drar i mig den dammiga lukten
känner med fingret
längs rader efter rader
av slitna ryggar

Fascineras av alla berättelser
historierna och äventyren
som samlats under samma tak
men tomhänt
lämnar jag lokalen
utan att ha öppna en enda bok.

**

Man gör sitt bästa
men det är ingen hemlighet
man förmår inte bättre
än sin medelmåttighet.

Man trampar omkring
i mellanmjölksträsket
i en beige kostym
alltid på väg till jobbet
eller hem till sin ensamhet

**

Jag söker
en plats som inte finns
en känsla som jag inte minns
den var ju där igår
nu är den försvunnen
av framtiden upphunnen.

**

Urpoeten somnade
vid sarkofagens svarta svärta
medan bläcket droppade
från skrivbordets varande
rätt ner i intenhetens
oskrivna blad

Längs tidens spiralblock
spred sig prickar
som bildade mönster
och märkliga figurer

som genomfors
av elektriska darrningar
och började vibrera
bortom verklighetens gränser

Förundrad började han sudda ut allt
och satte sedan en punkt
på sitt oskrivna blad
som fick expandera
bortom tidens fasta gränser
bortom förståndets greppbara varande.

**

Kotte Kurt

Den som lägger örat
mot den skrovliga stammen
känner lukten av kåda mot kinden
och hör trähjärtats lugna slag
känner skogens puls som slår
med en årsring per dag

Men när yxan hugger
genom barken
då bultar trähjärtat
med en hackspetts
snabba, skräckfyllda slag.

**

Färgen flagnar
skorstenen vittrar
skogen tar tillbaka
en liten bit av civilisationen

Torpet står mörkt och slutet
bakom knuten
växer lupiner och rallarros

Jag går sakta förbi
med blicken fäst mot fönstren
väntar på att gardinen
ska fladdra till
ge ett tecken från förr.

**

I den mörka skogen
hörs ett uggleho
och fullmånen är täckt
av ett sorgeflor

Under granens gren
vilar ett benvitt kranium
med tomma ögonhålor
stirrar Mickel räv
tillbaka på mig

Men så stiger solen
upp bakom bergen
och myren gnistrar
av guld och silver
av hjortron och dagg.

**

Det var vintern
då skidorna stod oanvända
i uthuset

På gården stod sparken
och rostade
inte ens snöskyffeln
behövde vi lyfta

Vadmalsrocken blev hängande
kvar i garderoben
och långkalsongerna
blev liggande
i byrålådan

Det var värmen
som kom på besök
till vår lilla norrländska by
och till allas förvåning
så stannade han kvar
över vintern
och vägrade
trots alla förbannelser
att ge sig av.

**

Bäcken
Den lilla bäcken
ivrigt på språng
mellan bergets skrevor
slingrar sig fram
över stenar
nyfiken slinker den fram
mellan löv och grenar

Blir med tiden
lite modigare
porlar obetänksamt fram
genom skogens fåror
kommer bort sig
borta vid kröken
men hittar sen hem igen

Börjar nu bli lugnare och bredare
glida långsammare fram
medan skogens granar
vattnet sjunker djupare

det mörknar av avlagringar

Så småningom
rinner den ut
i tjärnens djup
ligger stilla och vilar
medan åren bara går

Tills den sipprar ut
i myrens våta torv
där den renas
för att slutligen återförenas
med de andra bäckarna
i havet.

**

Jag tänker på Helmer Grundström
vildmarkspoeten från Norrlands inland
sittande i sin stuga
skrivande sina dikter
eller när han ror ut i träekan
ut på Svanavattnet för att meta

Hur skogens ensamhet
viskar i skorstenen
och viner under tröskeln
medan han sitter och plitar
med papper och penna
i ödemarkens famn

Själv sitter jag mitt i stadens brus
med våren utanför fönstret

och stadens pulserande röster
knattrar några rader poesi
på min gamla skrivmaskin.

**

Jag gjorde ett fåfängt försök
att fånga naturens poesi
isblommorna på fönstret
spindelvävens mönster
istappens droppar i snön
isflaken färd på älven

Nöjd läste jag mitt verk
när jag hörde en röst
genom mitt öppna fönster
en viskning ur skogens djup
så tunn och spröd
tillintetgjorda föll mina ord
döda mot jorden.
inför naturens geni.

**

Ode till en huggkubb

Förr var du en ståtlig fur
men så fällde jag dig
med en motorsåg jag köpt på stan
nu står du sedan många år
på vedbacken som ett ståtligt monument
över många timmars hugg och slit

Troget har du stått där stark
djup rotad på min mark
några misshuggssår
har du förstås fått
under alla dessa år
men vi har hållit ihop
i sol, regn och snö

Många minnen har vi delat
sorg, glädje och skratt
men på sista tiden
har du blivit bra murken
och jag är rädd min vän
att du gjort din sista säsong
och till våren bytts du ut
mot en ny och friskare årgång.

**

Ett timmertåg körde förbi
på stationen i Gävle
där jag stod och frös
jag kände doften
av tall, gran och kåda
och det var som hela kroppen rös
vid synen av ett masskogsmord.

Ungdomsdikter av Nils-Johan Johansson

Vad lyssnar du på
på din vandring
bland kyrkogårdens gravar
när du lägger huvudet på sned
mot underjorden
vad är det för
viskningar du hör
är det maskarnas rörelse
hur de rör sig genom köttet och jorden
kanske hör du orden
från käkens stelnade käft
gapande tom i graven djup
en sista suck som säger:
Att allt är förbi.

**

I hjärnans sörja
krälar hjärnmaskarna
de äter sig fram
och skapar grå gångar
sett i ett fågelperspektiv
ser det ut som en skrift
som något på en öde strand
med stenar format som ett SOS.

**

På kyrkogården
gapar gravarna tomma
skelettdelarna ligger travade
benpipor och kotor
kranium och revben
ligger staplade
de döda har byggt ett torn
i sin strävan att förena
kropparna med själarna
som redan passerat
till den andra sidan.

**

Säg orden i tystnad
ekot svarar olyssnat
på din stumma historia
kvar dröjer en skugga
av din andedräkt
på fönsterrutans imma
avtecknar sig
en osynlig skräck
av vad du såg
i myrens morgondimma.

**

Svart är tjärna (från Lomtjarna album "62.91131, 17.51037")

Svartdjupa utan botten
stjärnorna stela av fasa
darra på spegelytan
under ytan skymta urtidsögat
blickar tillbaka
du ålderdomliga fördolda
vi hör hur du kallar
hur dödens vindar
rusar genom skogen
upphäver sitt avgrundsvrål
ur bottenlös håla

Tjärna svart och stel
visa oss din hemlighet
tiden stod still
när du föll från himlen
utstött från evighetens tomrum
kom du till oss.
At de sev un –
du vilar i Lomtjärna.

Offerstena (från Lomtjarna album "62.91131, 17.51037")

Svart och slät släpades den ut
ur gruvans djup
alla som rört vid den
dog till slut

Farsoten spred sig i bygden
febern och utslagen drabbade dem
döden viskade i varje gränd

Nu står stenen och sjunger
i den ljusa sommarnatten
uppe vid Lomtjärna

Offren bärs fram
uråldriga fraser åkallar gammlefar
som sover djupt nere i tjärnens botten
Te da sun sev um

Sjustjärnorna blinkar till svar
och vi räknar ner de dar som är kvar
till stjärnporten åter öppnas
och du gamlefar
kan återvända hem
till tomhetens svarta rymd.

Di experimentiella

Bertil Nyström "Onomatopoetiska dikter"

Fisk på torra land
Kipp, kipp, kipp, kipp
Kipp, kipp, kipp
Kipp, kipp
Kipp,   kipp

Kipp

Kipp   Kipp

Kipp

Kipp.

**

Skatan
Tjatt, tjatt, tjatt, tjatt, tjatt, tjatt, tjatt, tjatt, tjatt, tjatt
Tjatt, tjatt, tjatt, tjatt, tjatt, tjatt, tjatt, tjatt, tjatt
Tjatt, tjatt, tjatt, tjatt, tjatt, tjatt, tjatt, tjatt
Tjatt, tjatt, tjatt, tjatt, tjatt, tjatt, tjatt
Tjatt, tjatt, tjatt, tjatt, tjatt, tjatt
Tjatt, tjatt, tjatt, tjatt, tjatt
Tjatt, tjatt, tjatt, tjatt
Tjatt, tjatt, tjatt
Tjatt, tjatt
Skratt

Snigeln

Sleeeeeeeeeeeeeeeeeeeeeeeemigt
Låååååååååååååååååååååååååångsamt
Ööööööööööööööööööoöööööööver
Gruuuuuuuuuuuuuuuuuuuuuuuuset
Soooooooooooooooooooooooolen
Steeeeeeeeeeeeeeeeeeeeeeker
Aaaaaaaaaaaaaaaaaaaaaaaaj!

Flugan

Surr Surr Surr Surr Surr

SCHAS!

Surr Surr Surr Surr Surr surr

Surr Surr Surr Surr Surr surr

SCHAS!

Surr Surr Surr Surr Surr

Myggan

Bzzz Bzzz Bzzz Bzzz Bzzz

Bzzz STICK *Bzzz*

Bzzz Bzzz Bzzz Bzzz

Flugan II

Surr Surr Surr Surr Surr

SMACK!

Olof Granqvist "Hotdikterna" (collage)

Betala tillbaka min femtiolapp
din ohyfsade tölp
annars blir det synd om dig
du kan råka ut för en olycka
din cykel kan få punka
när du ska cykla till jobbet
på måndag morgon
betala genast annars...

Vänligen
din bror Olof

Ge tillbaka min kratta
din lata drummel
jag behöver den
gräsmattan är full med löv
och frugan säger
att det ser förjävligt ut

Du lånade den förra hösten
jag har inte sett den sen
Om du inte vill råka illa ut
kom över med den bums!

Vänligen
Din granne Olof

om inte skolbussen
slutar att tuta
klockan sju på morgonen
då jävlar ska ni få se

Jag mjölkar korna klockan fyra
och behöver sova sen
så sluta med att tuta
med den förbannade tutan
annars blir det konsekvenser
för dig ditt feta kommunarsle

Jag vet nog att du myglar
och super på lunchen
på representationskontot
jag har varit med och sett det
själv.

Vänligen
din svåger Olof

40

Packa dig genast hit din satkäring
med mina samlarkort
på kända hockeylegender
jag vet nog att du har dem
Och inte slängt dem
som du alltid säger

Jag hörde att du försökt sälja dem
det ska du ge fan i
det är mina kort
som jag köpt för min surt
förvärvade pengar

Och min bror ljuger
när han påstår
att det är hans.
jag vill ha korten imorgon
annars får du aldrig se mig igen
på söndagsmiddag...

Vänligen
Din son Olof

Pelle Nyström "Rotvälska"

DI SI VA HAN SÅ

MEN SE DE Ä INTE SÅ

DET VAR SÅ

DE KAN VÄL DE FÖR STÅ

MEN SI DE SOM FÖR STÅ

DE E NU INTE MÅNG SÅ

SOM DU KAN FÖR STÅ

HI VA EN AV DE **GRÅ**

EN AV DE SOM **STÅ**

SOM TOGO DE **TVÅ**

OCH GICKO **SÅ**

BORT MOT EN **VRÅ**

OCH KLEVE **PÅ**

TVI DÄ Ä JU **DÄ**

SOM FAR I **KLÄ**

DÄ ÄR BARE **BLÄ**

NÄR DE ÄR I **KLÄ**

DE FLYG HÄ Å **DÄ**

DE TYCK JA Ä **BLÄ**

ÄT DE SOM DU FÅTT

DE ÄR BRA GÅTT

DE GOA DU FÅTT

KOKT INTE RÅTT

SÅNT DU HA SÅTT

Ä BRA GÅTT

DET ÄR DE DU FÅTT

STEKT INTE RÅTT

Några strofer ur poesins historia
av Helge Broman

Det första beviset på litterär verksamhet i området upptäcktes i närheten av Lomtjärna i början av 1910-talet då två bärplockare hittade en hällristning i skogen som antas vara minst 6000 år gammal. Ristningen visar sju älgar, en jägare och en symbol för ett öga. Vid en närmare arkeologisk undersökning några år senare hittade man några hundra meter från hällristningen en runsten som daterats till 800-talet och vars inskription betraktas som det äldsta bevarade texten från trakten. Texten lyder:

Björn offra älgar sju*
till tjärnens öga
lycka och god jakt
följde Björn
genom livet
Unum tedes

Sedan dröjer det till mitten av 1200-talet innan nästa litterära fynd dyker upp i form av några medeltida kväden skrivna på älgskinn. Skriften innehåller bland annat det kända friar-kvädet med sitt fantastiska omkväde som citeras här nere:

Finns det fisk i älva?
Javisst finns det fisk i älva
både stora och små
Men fånga dig en ungmö
om du kan, om du kan
hon slinker lätt som en ål
ur famnen din, ur famnen din.

Sedan får vi vänta till 1600-talet innan vi hittar något av intresse från trakten och det är då prästen Hindrich Bromaneus från Ytterlännäs socken och hans barockt mustiga och svulstiga, och inte minst sagt makabra predikningar som jag tänker på. Jag citerar som exempel några rader från palmsöndagens predikning 1632:

Helvetets svavelstinkande avgrundshålor
skola drabba er alla och envar
förtärande bränna er invärtes och utvärtes
som brinnande vulkanheta svavelsjöar
fräta sig igenom era satans stackars själar
om ni i framtiden fräckt tordes släcka
era vanvördiga törstiga strupar
supande ur nattvardsvinets heliga kärl.

Betydligt lugnare och mer sansat är språkbruket hos fröken Helena Grönkvist från Wäija. Fr. Grönkvist höll i slutet av 1700-talet litterära salonger i sitt hem och publicerade den för tiden uppseendeväckande och radikala pamfletten "En fråga om kvinnofrid" om kvinnlig emancipation. I upplysningens anda spred hon sedan sitt ljus till sina medmänniskor med dikter som "Lys upp min väg".

Är livets väg svår och hård
tänd ett ljus och lys upp din väg
okunskapens skuggor skola då förjagas
och dumhetens mörker förskingras
upplysningen skall till dig bringas
som en fyr leder ett skepp
skall snillet ljus leda dig rätt
på okunskapens stormiga hav.

När vi kommer in på 1800-talet drabbas bygdens poeter, precis som resten av Europa, av de romantiska strömningarna. Och vi får en mängd lokalpatriotiska dikter och naturskildringar. Men den som sticker ut mest är diktaren Oskar Hansson som med sitt storslagna mastodontepos med 7000 verser om "Vikingakungen Orvars liv och äventyr" står i en klass för sig själv. Vi nöjer oss med att citera inledningen av "Slaget om Docksta".

Från Skuleskogens vidunderliga vy
stod vikingakungen Orvar med sitt svärd
han hade fötts fattig i en pytteliten by
men hade nu erövrat en hel värld

Hans armar var muskulösa som tallar
och bena grova som stockar
rösten dov som åskans knallar
och blicken skarp som Tors bockar

Hundra tappra karlar stod beredda
att möta Harald den förskräckliga
med svärd, spjut och brynja klädda
var de klara och tillräckliga.

Utanför Docksta på en slätt i dimma
möttes de och striden varade
ända fram till midnattstimma
då Orvar sig som segrare förklarade.

I slutet av 1800-talet sker en snabb industrialisering och i dess kölvatten vinner de realistiska strömningarna mark inom poesin. Sågverksarbetaren Torgny Lundbom från Sandviken tillhör en av pionjärerna inom arbetarpoesin och jag har som exempel valt en dikt från hans hyllade debutbok "Inte såg jag någon såg var än jag såg".

Inte såg jag någon såg
vart än jag såg
jag såg bara en yxa
någon såg såg jag inte
och en yxa kan man
ju inte såga med.

Vi börjar redan närma oss 1900-talet och här finns det redan dokumenterat en hel del kring traktens poeter. Vill man lyfta fram en av modernismens förgrundsgestalter så måste det bli Bertil Nyström som finns representerade i den här antologin med sina nyskapande onomatopoetiska dikter som påminner starkt om dadaisternas ljudpoesi.

*Alla citerade texter har för läslighetens skull moderniserats till nutida svenska vilket gjort att eventuella versmått gått förlorade. Många av de citerade originalen återfinns i Hubertus Bromans privata arkiv på landsarkivet i Härnösand.

Om författarna

Sjöman (Evert) Jansson (1924-1972). Under uppväxten kom Evert Jansson genom föräldrarna, som spelade och sjöng i Pingstkyrkan, i kontakt med Evert Taubes visor som gjorde stort intryck på honom. Vid 12 års ålder började han själv komponera och skriva egna visor som han spelade för vänner och bekanta. Med åren blev han en uppskattad och ofta anlitad trubadur som sjöng egna och andras sjömansvisor. Det var under den tiden han fick smeknamnet Sjöman Jansson. Det finns inga belägga för att Evert själv någonsin varit ute på havet, istället hävdar flera levnadstecknare att han undvek vattnet och blev sjösjuk bara av att åka med Frånöfärjan. Evert försörjde sig under flera år som kringresande handelsman och sålde uppslagsverk, försäkringar och tavlor. Det sägs ha en gång sålde en tavla till den nu kända konstnären Emil Byman. Tavlan föreställde en älg vid en sjö. Det hann bli ett antal inspelningar på grammofonskiva under åren, och visan "En Kramforsgrabb" spelades flitigt på radion under 50-talet.

"Robert i Svängen" Broman (1943-1998). Bibliotekarie, biblioman och poet. Bodde på vägen mot Östby, i ett gult hus där Finnmarksvägen svänger. Det räckte att man skrev Robert i Svängen, Kramfors så visste posten var de skulle dela ut försändelsen. Många bokpaket blev det med åren till den välbekanta adressen. Robert flyttade till Stockholm 1967 där han startade antikvariatet "Boksvängen" specialiserad på norrländsk litteratur. Han gav ut ett antal diktsamlingar och böcker om boksamlandets konst på ett känt Stockholmsförlag. Ett tag satt han också med i styrelsen för det antikvariska boksällskapet på Söder och var redaktör för den antikvariska tidskriften "Det gamla trycket".

"**Kotte Kurt**", **Kurt Sture Ewald Björkson**, (1942-1992), var en stor naturälskare och poet. Flyttade till Uppsala där han så småningom blev professor i mykologi. Gav ut en populär svampguide och den pedagogiska barnboken "Kottens liv" som handlade om hur man skiljer på gran- och tallkottar. Boken blev populär bland barn och de brukade ropa Kotte Kurt efter honom på stan. Ett smeknamn som sedan följde honom genom livet. Kurt hann publicerade tre diktsamlingar innan han tragiskt avled efter att råkat förväxla en champinjon med en lömsk flugsvamp vid tillagning av en svampomelett.

Nils-Johan Johansson (1964-??), sonson till den ökända Karl-Johan Johansson (även kallad Benätaren). Flyttade efter gymnasiet från Kramfors för att göra sig en karriär utomlands inom musikbranschen. Arbetade på det rumänska skivbolaget Shvartur Draconicum som producent och skrev texter till olika black metal band som det Isländska Líkbuxur och det svenska Lomtjarna m.fl. Nils-Johan fick under åren motta flera fina priser och utmärkelser för sitt arbete. 2002 begav han sig ut på en resa till Mellanöstern för att hitta nytt material kring den mytomspunna sekten "The Seven Goats". Det sista livstecknet från Nils-Johan Johansson var ett SMS från Bagdad den 7 april 2003 till sångaren i Líkbuxur med texten. "Jag tror jag är på rätt spår. Ska träffa en insatt person ikväll. Du får veta allt i morgon. Din vän NJ". Än idag vet ingen vad som hände med honom efter den kvällen.

I antologin har vi fått tag i några tidigare opublicerade ungdomsdikter och även fått tillstånd att publicera två av hans mest kända sångtexter från bandet Lomtjarnas debutalbum "62.91131, 17.51037"

Bertil Nyström (1876-1930). Under en resa i Europa, i början av 1920-talet, kom Bertil i kontakt med dadaisterna och fascinerade av deras ljuddikter. När han kom hem skrev han ett antal dikter där han försökte skriva ur olika djurs perspektiv genom att härma deras läten. Det starka litterära arvet i familjen inspirerade de bägge sönerna Olle och Pelle Nyström som också kom att bli uppskattade poeter.

Olof Granqvist (1894-1954), var mjölkbonde från Nordingrå. Hans hotdikter tillkom i början av 1940-talet. De är gjorde med utklippta bokstäver från lokala tidningar och balanserar sublimt mellan det hotfulla och det vänliga. Sonen Melker Granqvist kom senare att utveckla och förvalta faderns litterära arv.

Pelle Nyström (1920-1970). Son till Bertil och bror till Olle Nyström. Provade under sin livstid på många olika stilar men det är diktsamlingen "Rotvälska" som blivit mest uppskattad bland läsarna. Inspirerad av det nyenkla skapade Pelle sina dikter som bygger på lokala dialekter där enkla saker och händelser behandlas.